ALTERNATOR BOOKS™ EN ESPAÑOL

COMBATIENTES DE LA RESISTENCIA DE LA SEGUNDA GUERRA MUNDIAL

Matt Doeden

ediciones Lerner ◆ Mineápolis

Consultora de contenidos: Erin Juhnke, Profesor de Historia, Universidad de Briar Cliff

ediciones Lerner
Una división de Lerner Publishing Group, Inc.
241 First Avenue North
Mineápolis, MN 55401, EE. UU.

Si desea averiguar acerca de niveles de lectura y para obtener más información, favor consultar este título en www.lernerbooks.com.

Fuente del texto del cuerpo principal: Aptifer Slab LT Pro Regular 11/18.
Fuente proporcionada por Linotype AG.

Library of Congress Cataloging-in-Publication Data

Names: Doeden, Matt, author.
Title: Combatientes de la resistencia de la segunda guerra mundial / Matt Doeden.
Other titles: World War II resistance fighters. Spanish
Description: Minneápolis : ediciones Lerner, 2023. | Series: Alternator books en español | Includes index. | Audience: Ages 8–12 | Audience: Grades 4–6 | Summary: "Learn about resistance fighters who found innovative ways to quietly fight the Nazis and other Axis Powers. From sabotaging equipment to rescuing persecuted Jews, these heroes helped win the war. Now in Spanish!"— Provided by publisher.
Identifiers: LCCN 2022017739 (print) | LCCN 2022017740 (ebook) | ISBN 9781728477329 (library binding) | ISBN 9781728478111 (paperback) | ISBN 9781728480053 (ebook)
Subjects: LCSH: Anti-Nazi movement—History—20th century—Juvenile literature. | Anti-Nazi movement—Europe—Biography—Juvenile literature. | Holocaust, Jewish (1939–1945)—Juvenile literature. | Germany—History—1933–1945—Juvenile literature.
Classification: LCC DD256.3 .D5818 2023 (print) | LCC DD256.3 (ebook) | DDC 940.53/1—dc23/eng/20220429

LC record available at https://lccn.loc.gov/2022017739
LC ebook record available at https://lccn.loc.gov/2022017740

Fabricado en los Estados Unidos de América
1-52368-50725-5/10/2022

CONTENIDO

INTRODUCCIÓN
TERROR ADOLESCENTE

Simone Segouin, de dieciocho años, se mantuvo oculta. Corría julio de 1944 y estaba escondida en una zanja con dos compañeros de la resistencia francesa. La Segunda Guerra Mundial (1939-1945) asolaba Europa,

Soldados alemanes nazis toman París, Francia, el 14 de junio de 1940.

y la Alemania nazi se había apoderado de su país natal, Francia. La ocupación dejó a muchos con un sentimiento de impotencia. A Segouin, no. Ella se defendía.

Bajo el nombre falso de Nicole Minet, se había unido a los Francotiradores y Partisanos (*Francs-Tireurs et Partisans*, o FTP). El FTP era un grupo de combatientes de la resistencia. Su objetivo era atacar a los alemanes ocupantes y expulsarlos de Francia.

Las misiones de Segouin con el FTP habían empezado de a poco. Robó una bicicleta a un oficial alemán. La utilizó para entregar mensajes a otros combatientes de la resistencia y espiar a las tropas alemanas. Con el tiempo, demostró su valor al FTP. Se entrenó en combate. Realizó misiones de sabotaje. Su objetivo era dañar los puestos militares alemanes y las líneas de suministro.

Aquella mañana de julio, Segouin empuñó su arma mientras se acercaban dos bicicletas alemanas. De repente, ella y sus compañeros se levantaron. Nunca había matado a nadie en su vida. Pero no dudó. Segouin abrió fuego. Deseaba no tener que matar a los soldados enemigos. Pero también estaba dispuesta a hacer lo que fuera necesario para derrotar al enemigo que se había apoderado de su país.

Tres miembros del FTP, entre ellos Simone Segouin de dieciocho años (*centro*), se preparan para luchar contra las tropas alemanas en París en 1944.

Los maquis (*en la foto*) eran combatientes de la resistencia francesa en las zonas rurales.

Segouin se convirtió en una leyenda entre los combatientes de la resistencia francesa. Ayudó a capturar a veinticinco soldados alemanes. Marchó junto al líder de la resistencia, Charles de Gaulle, en la batalla para reconquistar París. Y se convirtió en un símbolo de los combatientes de la resistencia que ayudaron a cambiar el rumbo de la guerra. Ella y otros muchos como ella no formaban parte de ningún ejército oficial. Pero estos combatientes de la resistencia tomaron las armas en toda Europa e hicieron todo lo posible para ayudar a derrotar a las fuerzas enemigas que amenazaban sus países.

CAPÍTULO 1
ACTOS DE SABOTAJE

Las potencias del Eje (la Alemania nazi y sus aliados) se extendieron por gran parte de Europa durante la Segunda Guerra Mundial. Utilizando su fuerza militar, marcharon a las naciones cercanas y tomaron el poder. La vida en una nación ocupada por el Eje era difícil. Los nazis solían ser brutales. Mataban a los hombres y agredían a las mujeres. Los niños pasaban hambre porque los soldados enemigos se llevaban la mayor parte de la comida.

En este mitin de 1935 en Nuremberg, Alemania, el líder alemán nazi Adolf Hitler anunció nuevas leyes contra los judíos. Durante la guerra que siguió, Hitler dirigió a los nazis en la matanza de unos seis millones de judíos.

Europa durante la Segunda Guerra Mundial

Muchas personas se sentían impotentes. Otras estaban decididas a expulsar al enemigo. Por lo general, no contaban con la cantidad de personas ni las armas para contraatacar directamente. Así que muchos recurrieron al sabotaje. Su objetivo era dañar el equipo y las líneas de suministro del enemigo. Así, les hacían la vida lo más difícil posible a los invasores.

Este niño polaco está sentado en el lugar donde se encontraba su casa en Varsovia, que fue destruida por los ataques aéreos alemanes en 1939.

SABOTAJE MENOR

En 1939 los nazis invadieron Polonia. Llenaron la ciudad de Varsovia con carteles que culpaban a Gran Bretaña de la invasión. La estudiante Elzbieta Zahorska protestó arrancando un cartel. Los nazis respondieron condenándola a muerte.

Puede parecer una acción pequeña. Pero la protesta de Zahorska fue una de las primeras de un movimiento creciente en Polonia. Se llamaba sabotaje menor. Los ciudadanos comunes llevaban a cabo pequeños actos destinados a dificultarle la vida a los alemanes. Daban indicaciones incorrectas a los soldados alemanes. Pintaban grafitis antinazis. Fingían no entender el alemán cuando los soldados les pedían ayuda.

ORGANIZACIÓN

En los países ocupados empezaron a crecer pequeñas bandas de resistencia. En Dinamarca, Knud Pedersen, de dieciséis años, lideraba un grupo de adolescentes que se autodenominaba Club Churchill. Los jóvenes utilizaban gasolina y cerillas para volar vehículos nazis. Robaron armas y destruyeron piezas de aviones. En 1942 fueron detenidos y encarcelados. Pero incluso entonces, escaparon de sus celdas para llevar a cabo más actos de sabotaje.

Otros grupos se organizaban por toda Europa. En Francia, el FTP se convirtió en una molestia constante para las fuerzas del Eje. En Polonia, el Ejército Nacional llegó a tener unos cuatrocientos mil miembros.

Knud Pedersen (*fila de atrás, extremo derecho*) y el resto de los adolescentes del Club Churchill estaban enfadados porque su gobierno había dejado que los nazis se apoderaran pacíficamente de Dinamarca.

PENSAR EN GRANDE

A medida que las fuerzas alemanas se adentraban en la Unión Soviética (una antigua nación formada por quince países actuales, incluida Rusia), los civiles trabajaban para frenarlas a cada paso. El 30 de julio de 1943, un combatiente de la resistencia colocó un explosivo en un vagón de combustible en una concurrida estación de tren. La enorme explosión envolvió un vagón de municiones. Creó un incendio que destruyó cuatro trenes. Nadie sabe quién provocó la explosión. Los historiadores creen que fue un trabajador ferroviario.

Para superar al alemán que custodiaba el SS *Donau*, los miembros de la resistencia noruega, Max Manus y Roy Nielsen, fingieron resbalar en el hielo del muelle del astillero. El guardia se rio y la distracción funcionó.

Noruega se hizo famosa por sus saboteadores. Uno de los más exitosos fue Max Manus, que ayudó a organizar el movimiento de resistencia noruego. Su especialidad era hundir barcos alemanes. En su acto más famoso, Manus y su compañero de la resistencia Roy Nielsen utilizaron minas para destruir el carguero alemán *SS Donau*.

LO MÁS DESTACADO DE CTIM

La herramienta elegida por Max Manus para volar barcos era la mina lapa (*en la foto*). Este artefacto explosivo está unido a imanes.

Un nadador se sumergía bajo el agua para adherir una mina lapa al casco de un barco. Los compartimentos de aire en el interior de la mina la hacían flotar. Por lo tanto, no se hundía si el buceador la dejaba caer. Algunas minas lapa tenían pequeñas turbinas. Las minas no explotaban hasta que las aspas giraban lo suficiente como para que el barco saliera del puerto.

CAPÍTULO 2
EL CONOCIMIENTO ES PODER

Muchos miembros de la resistencia espiaron a las potencias del Eje. Les pasaban información clave a los Aliados, los países que luchaban contra los nazis. La información era crucial. Ayudó a los Aliados a planificar los ataques, incluida la invasión de Normandía, Francia, en 1944.

Las tropas aliadas llevan suministros a la playa de Omaha el 8 de junio de 1944, durante la batalla de Normandía.

LO MÁS DESTACADO DE CTIM

Los espías de la resistencia necesitaban comunicarse con las fuerzas aliadas. Pero las grandes radios de la época los habrían delatado ante las fuerzas de ocupación. Así que los espías construyeron radios compactas especiales que escondían en contenedores como maletas y latas de galletas.

El modelo SOE Type A Mark III (*en la foto*) era una radio de maleta diseñada para enviar y recibir mensajes codificados. Tenía un alcance de unas 500 millas (805 km).

MENSAJEROS

La comunicación en la década de 1940 era difícil. Los enemigos podían interceptar las señales de radio. Los códigos podían decodificarse. Los Aliados a menudo confiaban en los mensajeros para transportar de forma segura la información hacia y desde los grupos de resistencia detrás de las líneas enemigas.

La polaca Krystyna Skarbek era una de las mejores mensajeras. Se hizo pasar por periodista en Hungría. Utilizaba su identidad falsa para transportar información de los combatientes de la resistencia a los militares

Krystyna Skarbek después de la guerra

británicos. Una vez, los soldados italianos la detuvieron. Le ordenaron que levantara las manos. Skarbek levantó los brazos para mostrarles dos granadas con los pasadores quitados. Amenazó con soltar los explosivos y matarlos a todos. Los italianos huyeron para salvar sus vidas, y la dejaron libre para seguir con su trabajo.

ESPÍAS

Los audaces espías de la resistencia reunían información sobre el enemigo. Mientras trabajaba para los británicos, Lise de Baissac se lanzó en paracaídas en Francia. Se hizo pasar por una viuda pobre. Se hizo amiga de oficiales alemanes. Incluso alquiló una habitación en una casa utilizada por un comandante alemán. Todo el tiempo mantuvo los ojos y los oídos abiertos en busca de información que pudiera ser utilizada contra los alemanes.

HÉROE DESTACADO

La fotógrafa polaca Faye Schulman tenía veintidós años cuando los nazis mataron a unas mil ochocientas personas en Polonia, incluida la familia de Schulman. Como era una fotógrafa experta, los nazis le perdonaron la vida y la obligaron a documentar los asesinatos.

Schulman escapó al bosque. Allí se unió a una fuerza de resistencia soviética llamada Brigada Molotava (*en la foto*). Trabajó como enfermera. También siguió tomando fotografías, incluida la de la derecha. Sus fotos están entre las pocas que muestran cómo era la vida de los combatientes de la resistencia en Europa del Este.

CAPÍTULO 3

OPERACIONES DE RESCATE

Europa era un lugar peligroso durante la Segunda Guerra Mundial. Los nazis estaban llevando a cabo un terrible Holocausto. Reunían a los judíos, así como a otros grupos, los metían en campos de concentración y los mataban. Unos seis millones de judíos fueron asesinados. Pero ese número podría haber sido mayor si no fuera por los peligrosos esfuerzos de rescate.

Un judío sale de su escondite en Varsovia en 1943.

Annie y Bert Bochove con sus hijos, Eric (*centro*) y Marise

Los civiles escondieron a los judíos de los nazis, a menudo durante años. Ayudaron a llevarlos de contrabando a países seguros. Y lo hacían sabiendo que podía costarles la vida si los descubrían.

En Holanda, Bert y Annie Bochove tenían una farmacia en un pequeño pueblo cerca de Ámsterdam. Se sorprendieron cuando los nazis empezaron a reunir a los judíos, muchos de los cuales eran sus amigos. Los Bochove añadieron habitaciones secretas a su casa para esconder a docenas de judíos. A pesar de varios intentos, los alemanes nunca los atraparon ni a ellos ni a las personas que salvaron.

Un grupo de judíos daneses en fuga atraviesa el Øresund, la masa de agua entre Dinamarca y Suecia.

En 1943 los ciudadanos de Dinamarca llevaron a cabo una de las mayores operaciones de rescate de la guerra. Recibieron un aviso de que los alemanes harían una redada de judíos en el país. Casi de la noche a la mañana, los daneses consiguieron esconder a más de siete mil personas. A lo largo de varios días, la resistencia holandesa llevó de contrabando a la mayoría de ellos a la Suecia neutral en barcos de pesca.

SALVAR A LOS SOLDADOS ALIADOS

Los aviadores y soldados aliados atrapados accidentalmente tras las líneas enemigas confiaron en los movimientos de la resistencia para volver a la seguridad. Cuando los aviones aliados fueron derribados sobre los Países Bajos, agricultores como la familia Mulder escondieron a los aviadores de los alemanes. "Me quedé [en la casa de los Mulder] durante tres meses", recuerda el piloto del B-17 estadounidense Ed Pollock. "Eran gente maravillosa y arriesgaron sus vidas por nosotros".

Crecieron grandes redes para ayudar a los aviadores y soldados a volver a sus puestos de trabajo. La luchadora de la resistencia belga Andrée de Jongh creó la línea Comet. Se trataba de una larga red de casas seguras que se extendía desde Bruselas, Bélgica, hasta la España neutral. Los guías ayudaban a los aviadores y soldados a seguir el camino secreto hacia la seguridad. La línea Comet rescató a unos ochocientos aviadores y soldados aliados.

El Boeing B-17G era un modelo de la línea B-17, apodado la Fortaleza Voladora. Este avión contaba con trece cañones y cuatro motores.

CAPÍTULO 4

LEVANTAMIENTO

Los combatientes de la resistencia no se limitaron a la acción indirecta. También tomaron las armas y lucharon directamente contra las potencias del Eje. Algunos grupos de la resistencia atacaron y mataron a los principales líderes del Eje.

El líder italiano Benito Mussolini (*en el extremo izquierdo*), Hitler (*en el centro*) y otros oficiales examinan los daños que los combatientes de la resistencia alemana causaron en el cuartel general nazi.

Claus von Stauffenberg

El mayor complot fue un intento de matar al líder de la Alemania nazi, Adolf Hitler. El oficial militar alemán Claus von Stauffenberg estaba preocupado por el trato que los nazis daban a los judíos. Creía que Hitler estaba llevando a Alemania a la ruina. Él y otros altos dirigentes alemanes urdieron un complot contra la vida de Hitler.

LONDON BLACKOUT

Daily Herald

No. 8865 FRIDAY, JULY 21, 1944 ONE PENNY

STOP PRESS

JAP ISLES BOMBED

Army Plot Suspected Against Fuehrer And 'Intuition' Brains Trust

BOMB PLANTED ON HITLER

Thirteen Arch Enemies Of The Sacked Generals Are Injured

"DAILY HERALD" REPORTER

WITHIN HOURS OF DISMISSING THE LATEST OF THE GENERALS WHOM HE SUSPECTS OF TRYING TO THROW HIM OVER, HITLER LAST NIGHT ANNOUNCED AN ATTEMPT ON HIS LIFE YESTERDAY WITH "HIGH EXPLOSIVES."

Black Guard Ring

GESTAPO HUNTING SUSPECTS

Goering Missing Again

U.S. Heavies Reaching A New Peak

'Unsurpassed' F.D.R. Is Nominated

ROMMEL PULLS BACK ANTI-TANK SCREEN

BRITISH FIGHTING IN TROARN, PUSH ON IN SOUTH

RUSSIANS BEGIN DRIVE PAST LVOV

Rushing Up Panzers To Aid Rommel

GOEBBELS IS TRYING TO PIN THE BLAME ON ALLIES

Curtain Of Secrecy

Days Of Silence

"Hitler's Intuition"

NO WONDER THIS WAS CANCELLED

On Jodl's Staff

THEY WERE THERE

It Shook Them

Luftwaffe Lost 66 Over Munich

Out Again Last Night

GOVT. URGES MORE CHILDREN TO GO

Patrols Fighting

Fine Job

Near East Prussia

Lvov Battle

"Defeatist" Executed

El intento de matar a Hitler fue noticia internacional. Esta portada del *Daily Herald* de Londres describe el atentado.

Casi funcionó. El plan, llamado Operación Valkiria, se llevó a cabo el 20 de julio de 1944. Stauffenberg colocó un maletín cargado con una bomba debajo de una mesa que estaba usando Hitler. Sin embargo, otra persona movió el maletín antes de que explotara. Hitler solo sufrió heridas leves.

ABRIR FUEGO

Las fuerzas clandestinas de Francia, Polonia y otras naciones llegaron a contar con decenas o incluso cientos de miles de personas. Las fuerzas de resistencia francesas, dirigidas por Charles de Gaulle, consiguieron una de las victorias más importantes de la guerra. De Gaulle condujo a las fuerzas francesas a la capital del país en agosto de 1944. Las fuerzas francesas, entre las que se encontraba la joven

Civiles franceses se preparan para luchar contra las fuerzas alemanas durante la liberación de París el 25 de agosto de 1944.

Los ciudadanos franceses celebran la derrota de los alemanes en París en agosto de 1944.

luchadora por la libertad Simone Segouin, expulsaron a los alemanes de París. Fue una gran derrota para los nazis y un acontecimiento clave para cambiar el rumbo de la guerra.

Los Aliados (con las fuerzas de la resistencia a su lado) recuperaron Francia. Marcharon hacia Alemania. El 30 de abril de 1945, mientras la batalla de Berlín hacía estragos a su alrededor, Hitler se quitó la vida. La guerra en

Europa había terminado. Y sin el trabajo de innumerables combatientes de la resistencia, los alemanes podrían no haber sido derrotados. Las acciones de los combatientes de la resistencia, desde pequeños actos de desobediencia hasta el combate total, fueron un elemento clave para debilitar y derrotar a las fuerzas de Hitler.

HÉROE DESTACADO

En 1942, el tenista estrella francés Jean Borotra (*en la foto*) fue detenido por ponerse del lado de los Aliados contra los nazis. Fue encarcelado en el castillo austriaco de Itter. En los últimos días de la guerra, las tropas estadounidenses liberaron a los prisioneros de Itter, pero se enfrentaron a un ataque alemán. Los prisioneros lucharon junto a los estadounidenses. Pero los superaban en armamento. Borotra se ofreció a llevar una petición de ayuda. La estrella del tenis saltó el muro del castillo. Atravesó las defensas alemanas para entregar el mensaje. Llegaron más tropas estadounidenses y derrotaron a los nazis.

Línea de tiempo

1939 septiembre 1 Los nazis alemanes invaden Polonia. Comienza la Segunda Guerra Mundial.

1940 junio 14 Los alemanes entran en París.

1942 septiembre Lise de Baissac se lanza en paracaídas en Francia. Se hace pasar por una viuda pobre mientras espía a los oficiales alemanes.

1943 julio 30 Un combatiente de la resistencia desconocido destruye varios trenes en la Unión Soviética, y daña en gran medida las líneas de suministro alemanas.

1943 septiembre El pueblo de Dinamarca esconde a la mayoría de los judíos de la nación y los hace pasar de contrabando a bordo de barcos de pesca para ponerlos a salvo en Suecia.

1944 julio 20 Se lanza la Operación Valkiria. El militar alemán Claus von Stauffenberg coloca un explosivo para matar a Adolf Hitler. Pero Hitler solo sufre heridas leves.

1944 agosto Charles de Gaulle dirige a los combatientes de la resistencia francesa en la liberación de París.

1945 enero Max Manus utiliza minas lapa para destruir el SS *Donau*.

1945 abril 30 Mientras la batalla de Berlín hace estragos a su alrededor, Adolf Hitler se quita la vida.

1945 mayo 5 En la batalla por el castillo de Itter, Jean Borotra realiza una audaz carga a través de las defensas alemanas para llevar un mensaje a las tropas estadounidenses.

1945 mayo 7 Alemania se rinde formalmente, lo que pone fin a la campaña europea de la Segunda Guerra Mundial.

Notas de la fuente

21 Bette McDevitt, "Tiny Mulder: Teenage World War II Resistance Heroine," *World War II*, 2003 noviembre, disponible en línea en *HistoryNet.com*, http://www.historynet.com/tiny-mulder-teenage-world-war-ii-resistance-heroine.htm.

Glosario

casco: el cuerpo principal de un barco

civiles: personas que no forman parte de las fuerzas armadas ni de la policía

combate: lucha entre fuerzas armadas

Holocausto: la matanza de unos seis millones de judíos y otros millones de personas por parte de la Alemania nazi durante la Segunda Guerra Mundial

inteligencia: información estratégica sobre el enemigo o sus planes

mensajeros: personas que llevan y entregan mensajes o paquetes

minas: pequeños explosivos utilizados en el suelo o a nivel del agua

Nazi: partido político liderado por Adolf Hitler que gobernó Alemania de 1933 a 1945

ocupación: la toma de posesión por la fuerza de otra nación

resistencia: organización secreta de un país conquistado que lucha contra el país conquistador

sabotaje: acto de dañar la propiedad de un enemigo o de hacer más lenta su misión

Más información

BBC: World War II
https://www.bbc.co.uk/bitesize/topics/zk94jxs

Byers, Ann. *Rescuing the Danish Jews: A Heroic Story from the Holocaust.* Berkeley Heights, NJ: Enslow, 2011.

Ducksters: World War II
http://www.ducksters.com/history/world_war_ii/

Freedman, Russell. *We Will Not Be Silent: The White Rose Student Resistance Movement That Defied Adolf Hitler.* Boston: Clarion Books, 2016.

Kallen, Stuart A. *World War II Spies and Secret Agents.* Mineápolis: Lerner Publications, 2018.

National Geographic Kids: 10 Eye-Opening Facts about World War 2
https://www.natgeokids.com/uk/discover/history/general-history/world-war-two/?msclkid=c376efa2b5eb11ecbc363c6975fb38b6

Otfinoski, Steven. *World War II.* Nueva York: Children's Press, 2017.

United States Holocaust Memorial Museum
https://www.ushmm.org/

Índice

Créditos por las fotografías

Las imágenes de este libro se han utilizado con el permiso de: iStockphoto.com/akinshin, (fondos de alambre de espino en todo el libro); iStockphoto.com/ElementalImaging, p. 1 (fondo de camuflaje); dpa picture alliance/Alamy Stock Photo, pp. 4–5; Hulton Deutsch/Corbis Historical/Getty Images, p. 6; Pictorial Press Ltd/Alamy Stock Photo, pp. 7, 28; Sueddeutsche Zeitung Photo/Alamy Stock Photo, p. 8; © Laura Westlund/Independent Picture Service, p. 9; AP Photo/Julien Bryan, p. 10; Churchill Club/Wikimedia Commons (CC BY-SA 4.0), pp. 11, 29 (izquierda); Photograph by Walter E. Frost/Courtesy the City of Vancouver Archives, p. 12; The National Archives/Wikimedia Commons (Open Government License v1.0), p. 13; National Archives (SC 193082), p. 14; INTERFOTO/Alamy Stock Photo, p. 15; Trinity Mirror/Mirrorpix/Alamy Stock Photo, p. 16; iStockphoto.com/aaron007, pp. 17, 27 (marco de alambre de espino); United States Holocaust Memorial Museum, courtesy of Belarusian State Museum of the History of the Great Patriotic War, pp. 17, 29 (derecha); United States Holocaust Memorial Museum, courtesy of National Archives and Records Administration, College Park, p. 18; United States Holocaust Memorial Museum courtesy of Rescuers: Portraits of Moral Courage in the Holocaust, p. 19; AFP/Getty Images, p. 20; US Air Force Photo, p. 21; akg-images/Alamy Stock Photo, p. 22; picture alliance/dpa/Newscom, p. 23; John Frost Newspapers/Alamy Stock Photo, p. 24; National Museum of the US Navy, p. 25; US Army via CNP/Newscom, p. 26; Keystone-France/Getty Images, p. 27.

Portada: Keystone-France/Getty Images (combatientes de la resistencia); iStockphoto.com/akinshin (fondo de alambre de espino); iStockphoto.com/ElementalImaging (fondo de camuflaje); iStockphoto.com/MillefloreImages (fondo de bandera).